CONCILIATION
SCIENTIFIQUE ET RELIGIEUSE

LE

NATUREL ET LE SURNATUREL

DANS

LE MIRACLE

Virtus de illo exibat
S. Luc. VI, 19.

PAR

Louis CLOUDAL

PROFESSEUR LIBRE

BUREAUX
DE *LA REVUE DES ASPIRATIONS*
RELIGIEUSES ET MORALES DU TEMPS PRÉSENT
PARIS
—
1900

LE

NATUREL ET LE SURNATUREL

DANS

LE MIRACLE

CONCILIATION
SCIENTIFIQUE ET RELIGIEUSE

LE

NATUREL ET LE SURNATUREL

DANS

LE MIRACLE

Virlus de illo exibal
S. Luc. VI, 19.

PAR

Louis CLOUDAL

PROFESSEUR LIBRE

BUREAUX
DE *LA REVUE DES ASPIRATIONS*
RELIGIEUSES ET MORALES DU TEMPS PRÉSENT
PARIS
—
1900

DU MÊME AUTEUR

Le Savant et le Croyant en face du Surnaturel.

A MES ANCIENS CONDISCIPLES DU GRAND SÉMINAIRE

Vous souvient-il, chers amis, de nos conversations d'autrefois, de ces heures que nos vénérés maîtres de Saint-Sulpice nous permettaient de passer ensemble, pour nous communiquer nos pensées personnelles sur les sujets philosophiques et religieux qui nous passionnaient tant ?

Que d'intéressantes questions remuées alors et discutées entre nous !

Pour moi, malgré les préoccupations d'une vie différente de la vôtre, je ne les ai pas oubliées.

Puisse le travail que je vous offre aujourd'hui, en vous rappelant ces beaux jours, vous aider un peu à dissiper autour de vous les malentendus qui, je le sais, entravent votre ministère auprès des esprits cultivés !

Puisse mon humble effort mériter de se joindre aux vôtres pour amener les amis de la conciliation, après avoir constaté entre la raison et la foi les distinctions qui les séparent, à mieux reconnaître et affirmer les harmoniques liaisons qui les unissent.

Lyon, 9 octobre 1899.

LOUIS CLOUDAL.

1

AVANT-PROPOS

*« Diversitas relationum tollit
contradictionem ».*

Il y a conflit entre les esprits au sujet du
miracle dans ses rapports avec la science.

Sans vouloir en rechercher toutes les
causes dans les diverses facultés plus ou
moins bornées, plus ou moins maladives de
la nature humaine, nommons seulement celle qui est la plus immédiate et que l'on
peut apercevoir tout d'abord dans la plupart des discussions : la méconnaissance
par les uns du point de vue où se placent
les autres pour envisager une question.

En effet, tout objet intellectuel comme
tout objet sensible, un paysage, par exemple, peut être considéré à un nombre infini
de points de vue. Pas d'accord possible
pour le définir, entre ceux qui le regardent,
à moins d'une entente préalable sur l'angle
qui doit déterminer la direction du regard.

Nous voulons essayer de faire cet accord à propos du miracle.

C'est dire que nous faisons appel à la bienveillance des contradicteurs pour regarder avec nous et comme nous ce que nous avons l'intention de leur montrer, dussent-ils, pour cela, faire quelque violence à leurs habitudes prises.

On verra comment les esprits les plus séparés par la diversité de leurs études et de leurs convictions, pourraient les concilier, sans avoir à craindre des concessions compromettantes pour leurs principes respectifs.

Si le monde est très varié, il faut bien aussi, pour légitimer ses noms d'*univers*, de *cosmos*, que l'on puisse y trouver une très grande unité.

Regarder ailleurs pour apercevoir ce qu'on n'avait pas vu n'est pas renier ce qu'on a vu d'abord.

Si l'apologiste n'avait en face de lui que des oppositions de mauvaise foi et de parti-pris, il n'aurait pas à puiser beaucoup d'espoir dans ses efforts de conciliation ; mais à une époque de désarroi intellectuel comme celle que nous traversons, bien des âmes troublées par l'antagonisme apparent des divers ordres de connaissances, ont besoin qu'on leur vienne en aide par une analyse délicate et respectueuse, mais aussi pleine de franchise.

Ce qu'il faut surtout faire régner dans le chaos actuel des sciences humaines, c'est la clarté, c'est l'ordre.

Il semble actuellement que l'esprit humain soit plus alourdi et embarrassé que libéré et vivifié par le grand nombre des choses qu'il sait.

Puissions-nous, en cherchant à analyser les relations du miracle avec la science, contribuer à démêler, à clarifier, en y mettant de l'ordre, un petit coin de notre domaine intellectuel et vérifier en particulier la vérité du vieil adage : « *diversitas relationum tollit contradictionem* ».

I

Le miracle en face de la science en général.

Vidistis me et non creditis
S. Joan. VI, 36.

Le définition complète du miracle étant subordonnée à la solution d'une question qui sera débattue plus loin, il n'est pas à propos de la donner dès maintenant. Disons simplement qu'on entend par *miracles* des faits merveilleux comme ceux racontés dans la Bible et dans la vie de la plupart des saints de l'Eglise catholique : « Les aveugles voient, les boiteux marchent, les sourds entendent, les lépreux sont guéris, les morts ressuscitent ».

Ce coup d'œil superficiel sur le miracle suffira pour le moment. A mesure que nous pénétrerons plus avant, nous verrons la définition se développer et se préciser.

Quant au mot *science*, nous le prenons

dans toute son extension et dans son accep-
tion la plus générale. C'est l'ensemble de
toutes nos connaissances quelle qu'en soit
l'origine et quelles que soient celles de nos
facultés qui les portent.

C'est donc un sens *positif* que nous lui
donnons et non, comme on le fait, quand on
accuse la science de ses bévues ou de ses
méfaits, un sens *négatif.* Ce que l'on ne sait
pas ou ce que l'on sait mal n'est pas la
science.

Dès lors, s'il y a des reproches à faire,
c'est non pas à la science, mais à son contraire *l'ignorance* qu'il faudra les adresser.
La science ne peut qu'être innocente et utile.
C'est toujours à quelqu'ignorance qu'il faut
en attribuer le mauvais emploi.

Il y a, comme dit St-Paul, ceux qui, « ne
savent pas savoir ». Ceux que l'on appelle
savants ne le sont que dans la mesure où ils
possèdent la science, où ils savent vraiment
ce qu'ils affirment.

Cela posé, il est facile de reconnaître
que le miracle relève de la science. Elle
est compétente pour tout ce que l'on peut
en affirmer sciemment. Qu'il s'agisse de
l'existence du miracle, de sa cause, de son
but, c'est à la science, à une des subdivi-
sions de la science, qu'il faut s'adresser

pour en parler d'une manière intelligible.

Mais si le miracle, comme tout ce qui est humainement connaissable, relève de la science ; tout en lui n'en relève pas. Il s'y trouve la part de la foi, comme elle se trouve dans tout ce qui existe.

Par le mot *foi* nous entendons la foi proprement dite, c'est-à-dire celle dont l'objet propre est le *mystère*, *l'au-delà* de toute science humaine « *sperandarum substantia rerum* ».

Au point de vue subjectif, c'est l'adhésion de l'esprit humain à une vérité sur le témoignage de Dieu.

L'adhésion au témoignage humain n'est la foi que dans la mesure où ce témoignage est l'intermédiaire de celui de Dieu. Croire au témoignage de l'homme qui *sait*, ne peut être qu'une foi humaine.

En représentant par une sphère l'ensemble de toutes les connaissances humaines, tout ce qui est en dehors de cette sphère sera l'objet de la foi. C'est non pas l'inconnaissable, mais l'inconnu ou du moins un mélange d'inconnaissable et d'inconnu. Il s'y trouve ce qui est en dehors des prises actuelles de l'humanité et ce qui lui sera éternellement inaccessible. C'est le non-*révélé* et le non-compris.

La révélation, dans son sens large, c'est tout ce que Dieu fait connaître à l'homme. Tout ce que sait l'homme, c'est Dieu qui le lui révèle par l'intermédiaire de l'une ou de l'autre de ses facultés perceptives.

Il n'y a pas lieu de distinguer ici la révélation naturelle pas plus que la foi naturelle, et la foi surnaturelle. Ces deux degrés se trouvent l'un et l'autre dans la zône obscure de l'au-delà. Il suffit de distinguer la double catégorie de la *science* et de la *foi* et de dire que tout ce qui est ultra-scientifique est ou peut être objet de foi.

L'esprit humain, relativement à ses connaissances, peut se trouver en deux dispositions différentes : ou bien il les envisage en elles-mêmes, dans leur propre lumière, et les explique les unes par les autres, sans remonter à l'inconnu de l'au-delà, sans même faire attention à ce qui dépasse la partie lumineuse pour lui des principes qu'il emploie ; c'est la science. Ou bien il considère cette lumière de l'en-deçà comme le reflet d'une autre lumière venant de plus loin, comme le prolongement plus ou moins réfracté d'un rayon émané d'un foyer central, en d'autres termes, comme une révélation de Dieu ; c'est la foi ; c'est la disposition du croyant qui voit, dans ce qu'il sait, un écoulement indirect et une image plus ou moins expressive de ce qu'il ne sait pas. Le scientifique devient pour lui le symbole de l'ultra-scientifique.

Dès lors celui qui croit ne sait pas plus que celui qui sait et qui ne s'élève pas au-delà de ce qu'il sait. Il est orienté différemment, voilà tout. Mais il y a, entre la disposition du croyant et celle du savant, une différence capitale. L'effort d'âme, la tendance vers l'au-delà provoque dans le premier des résultats dont il n'est pas nécessaire pour le moment de montrer l'importance.

On voit d'après cela comment théoriquement, entre le miracle envisagé au point de vue de la foi et le miracle envisagé au point de vue de la science, il n'y a pas de conflit possible.

La science et la foi ont leurs lumières sur deux plans différents, mais c'est originairement la même lumière. Au sommet des clartés plus ou moins conscientes de la première, comme dans les profondeurs plus ou moins obscures de la seconde, se trouve la même source, la *Vérité première, Dieu le Père des lumières.*

C'est ainsi que le rayon du soleil, avant ou après sa réfraction dans des milieux plus ou moins transparents, est substantiellement le même rayon. La différence d'éclat ou de couleur n'est attribuable qu'à la diversité de ces milieux.

Mais si le désaccord n'est pas entre la foi et la science, entre les réalités de l'au-delà et celles de l'en-deçà; il n'en est pas de même entre les représentants plus ou moins autorisés de la foi et de la science, entre le *croyant* et le *savant*. De l'un comme de l'autre peuvent naître des causes de dissentiment.

Sans doute le croyant et le savant participent l'un et l'autre à l'infaillibilité respective de leur principe ; mais seulement dans la mesure où ils en sont les fidèles interprètes. Trop souvent, à cette lumière infiniment pure dans sa source, se mêlent, à cause des infirmités de la perception humaine, des obscurités, de trompeuses apparences qui troublent et faussent le jugement. De là aussi trop souvent des malentendus, des contradictions entre ceux qui en sont les plus ou moins défectueux réflecteurs.

Le croyant, pour appuyer et soutenir son regard sur les obscurités de l'au-delà, pour s'exprimer à lui-même et exprimer aux autres ce qu'il est amené par de secrets instincts, à y pressentir, a besoin d'images, de *symboles* et par conséquent d'une certaine somme de connaissances. Il les puise nécessairement dans la science de son temps et de son milieu. Leur valeur se mesure à celle de cette science. Elle est relative comme elle. La science étant progressive, le danger pour le croyant sera de s'immobiliser dans l'emploi trop rigoureux des mêmes formules et des mêmes symboles.

Le savant d'aujourd'hui, qui aura dépassé la science d'hier, sera choqué d'entendre le croyant parler un langage démodé et vieilli et ne pas tenir compte des labeurs qui l'ont amené lui-même à rajeunir ce langage pour exprimer des connaissances plus complètes et plus précises.

Par une réaction exagérée, le savant à son tour méprisera les affirmations du croyant et traitera de songes creux ses trop naïfs et trop peu scientifiques symboles. Il se repliera dans son propre domaine, et, trouvant sa tâche suffisante, n'aura pas d'autre ambition que d'en explorer le contenu à la lumière de son propre flambeau. A ses yeux, l'au-delà, c'est un océan infini dont les flots viennent battre les rivages du connu, mais dont nous ne pouvons rien dire, sinon que nous n'en connaissons rien.

De là, entre la foi et la science, cette

fatale scission dont les conséquences seront désastreuses pour l'une et pour l'autre.

Les partisans de la foi, isolés dans leurs traditionnelles formules, sans communication avec le mouvement progressif des connaissances humaines, sont exposés à se dessécher l'âme dans la lettre morte de leur *Credo*, en privant leur foi de la sève intellectuelle qu'elle recherche pourtant comme un aliment et dont elle a besoin pour ses manifestations dans le domaine scientifique.

Ainsi se réalisera tout le contraire de la parole de Saint-Paul : « *Invisibilia Dei per ea quæ facta sunt intellecta conspiciuntur* » et la nuit régnera dans l'esprit à la place des splendeurs que le germe de la foi était destiné à y produire.

D'autre part, le savant qui ne croit plus, qui n'est plus stimulé par les provocantes attractions du mystère, qui ne sentira plus le besoin de s'écrier avec le prophète : « *Quis dabit mihi pennas sicut colombæ... ?* » le savant courra immédiatement le danger d'amoindrir sa science. Il ne se contentera pas de supprimer les zones ultra-scientifiques de la foi naturelle ou surnaturelle, il en viendra bientôt, par défaut d'élan vers les hauteurs, à suivre la marche inverse de l'évolution, à méconnaitre les meilleures parties de son propre domaine, tronquer ses classifications. Regardant de moins en moins dans certaines directions, il y verra moins clair. Lorsque l'intelligence ne recherche plus la foi, elle finit par ne plus se chercher elle-même et elle se rabat en se rétrécissant, sur ce qui est au-dessous d'elle.

C'est ce que nous avons vu s'accomplir dans les derniers siècles et de là que nous sont venues les diverses révolutions dans l'ordre des idées et des faits.

Un moment les sciences de la nature ont profité de l'afflux de la sève intellectuelle qui, retirée d'ailleurs, s'était portée là avec plus d'abondance et de vitalité ; mais un cri d'alarme vient de se faire entendre et l'on prononce le mot de *banqueroute* en parlant de cette science elle-même.

Ces fâcheux résultats du conflit entre croyants et savants, il faut les attribuer particulièrement à celui qui les divise au sujet du miracle. C'est sur ce terrain surtout que l'antagonisme est manifeste.

Les savants de nos jours, par leurs négations ou leurs explications incomplètes, montrent fréquemment le parti pris d'écarter le miracle. Au nom de l'histoire, au nom de la philosophie, en un mot, au nom de la science, on le supprime.

Le croyant le maintient au nom de la foi.

Essayons de montrer comment on peut le maintenir au nom de l'une et de l'autre.

Il suffirait simplement de reconnaître pour chacun le droit de se placer, dans l'étude du miracle, au point de vue de son choix. Que pour cette étude, croyants et savants, admettent, au degré convenable, leur compétence réciproque et l'accord sera fait.

II

Le miracle en face de la science expérimentale et historique.

Renuntiate Joanni quæ audistis et vidistis.

S. MATTH. XI, 4.

Envisagé comme fait présent ou passé, le miracle relève de l'expérience ou de l'histoire.

Sans doute le miracle n'est pas *expérimental* en ce sens qu'il soit renouvelable à volonté; mais combien d'autres faits en sont là et qui cependant sont compris dans le domaine des choses de l'expérience !

En tous cas, on ne saurait nier que le fait miraculeux soit objet *d'observation* comme tous les autres faits sensibles et, en ce sens, devienne objet de science et scientifique-ment démontrable.

Assurément, le miracle accompli dans les conditions proposées par Renan sous les yeux d'une commission académique soigneusement composée, offrirait des garanties de certitude auxquelles il ne serait guère possible de se soustraire; mais de telles conditions sont-elles nécessaires au miracle pour lui conférer le caractère d'évidence qui engendre communément la certitude ?

Un fait *sensible* est par là-même revêtu de ce caractère pour tous les spectateurs, ignorants ou savants, crédules ou incrédules, pourvu qu'ils aient des yeux pour voir et des oreilles pour entendre.

Comme fait, le miracle rentre dans la catégorie de ces choses simples pour la perception desquelles, il n'est pas nécessaire d'avoir exercé beaucoup ses facultés intellectuelles.

Le côté merveilleux, *extraordinaire*, du fait miraculeux serait-il de nature à troubler l'usage des sens et à en infirmer le témoignage ? C'est plutôt le contraire qui est vrai. Ce qui est extraordinaire, étonnant, attire bien autrement leur attention que les choses ordinaires dont, par suite de l'habitude, ils finissent par ne plus être impressionnés. C'est là un fait d'expérience quotidienne sur lequel il serait superflu d'insister.

On ne saurait   voquer en doute

l'autorité du témoignage des sens à propos du miracle, à moins d'être logiquement forcé d'en rejeter la valeur pour les autres faits.

Mais, s'il faut avoir confiance dans l'infaillibilité des sens qui s'exercent vis-à-vis du miracle présent, que faut-il penser du témoignage des hommes à propos du miracle passé ?

Evidemment sur ce point, la question devient plus délicate. Il faudra à la critique historique une perspicacité toute particulière, pour démêler, soit les préjugés, soit les intérêts qui auront pu produire, dans les rapporteurs du miracle, l'erreur ou le mensonge.

Ce qui est extraordinaire, merveilleux, a de quoi saisir vivement non seulement les sens extérieurs et les provoquer à mieux percevoir, mais aussi les sens internes, en particulier l'imagination, et l'exciter à dépenser plus d'activité dans son propre domaine.

Les passions plus ou moins nobles pourront aussi trouver leur compte dans des récits qui sont de nature à attirer sur la personne du narrateur ou sur l'objet de son culte, l'admiration des auditeurs.

De là, pour le témoin du miracle, à s'i-

maginer, puis à raconter plus qu'il n'a réellement vu, il n'y a qu'une courte distance facile à franchir.

Aussi, combien de faux miracles racontés dans l'histoire des peuples même les
plus civilisés ! Combien de récits mytholo-
giques à l'origine de toutes les religions !
Que de merveilleux sans fondement réel
inventé par les poètes de toutes les races !
Que de faits naturels transformés en miracles par l'imagination complaisante ou trou-
blée des foules illettrées et crédules !

De nos jours encore, on sait avec quelle
facilité la légende peut naître et se développer chez certains peuples ou dans certains
milieux moins éclairés. Sans remonter très
haut dans l'histoire et sans aller bien loin
nous n'avons qu'à réveiller nos souvenirs
sur tel ou tel fait récent pour reconnaître
comment, avec tous nos moyens d'informa-
tion, notre crédulité est à chaque instant
sollicitée et parfois entraînée par des récits
plus imaginaires que réels.

On ne peut donc le nier ; le miracle, par
ce qu'il a de prodigieux, peut facilement
devenir matière à illusions et à mystifica-
tions. Mais, hâtons-nous d'ajouter qu'il n'en
sera pas toujours nécessairement ainsi.

Si les difficultés de la vérification augmentent, on peut accroître en proportion les moyens de contrôle.

Sans aller, comme certains savants trop méticuleux, jusqu'à désirer des expériences directes actuellement impossibles à réaliser, on peut, de la part des témoins du miracle, exiger une certaine somme de garanties qui rendent l'erreur ou la fraude impossible.

C'est ce que fait l'Eglise catholique dans ses procès de béatification ou de canonisation des saints.

Qu'on lise les règles établies par le pape Benoît XIV pour qu'un miracle soit admis comme *fait certain* et l'on avouera que la sévérité en est grandement suffisante pour contenter tous les bons esprits que le parti pris n'aveugle pas.

Il est donc possible à la science historique de s'entourer d'assez de précautions pour se préserver de toute erreur au sujet du miracle.

En fait, à quoi ceux qui les ont prises ont-ils abouti ?

S'il fallait en croire les prétendus sages de la critique historique, il n'y aurait pas de miracle dans l'histoire vraie. Ils ne l'ont pas plus rencontré au bout de leurs recherches que les matérialistes n'ont trouvé l'âme spirituelle dans leurs dissections.

Aux uns comme aux autres, il faut affirmer qu'ils n'ont pas vu parce qu'ils n'ont pas su regarder.

Sans doute les travaux de la critique historique, qui ne datent pas d'aujourd'hui ni même d'hier, ont fait évanouir, comme des visions de rêves, un grand nombre de miracles et en ont rendu suspects un grand nombre d'autres.

Depuis longtemps déjà on ne croit plus à ceux de la *Légende dorée*, et a disparu la disposition générale des esprits qui a permis à Jacques de Voragine de les raconter avec tant de naïveté.

Mais, après toutes les éliminations déjà faites, et dussions-nous encore plus tard nous voir dans la nécessité d'en reléguer un grand nombre d'autres dans le domaine de la légende, nous n'en restons pas moins avec la certitude d'en conserver un nombre suffisant pour oser démentir ceux qui prétendent les avoir rayés définitivement des pages de l'histoire sérieuse.

A ceux qui jugent la distance trop grande entre eux et les témoins immédiats des miracles anciens et qui ne remarquent pas avec quelle facilité les monuments authentiques leur servent d'intermédiaires pour les rapprocher de nous, l'histoire contempo-

raine apporte ses attestations pour confir-
mer la véracité des anciens narrateurs.

De toutes parts des voix s'élèvent pour
nous parler des phénomènes extraordinaires
de notre temps. Sans avoir besoin de dé-
passer les limites de la France ; au midi, au
nord, à Paris ; sous les regards des simples,
comme sous les investigations plus approfondies des savants, partout s'accomplissent,
et l'on pourrait presque dire au sens le plus
strict du mot, *s'expérimentent* des faits dont
le caractère merveilleux nous rappelle
ceux d'autrefois. Bientôt ils seront rares
ceux qui n'auront pas été eux-mêmes les
témoins directs de quelque guérison miraculeuse à Lourdes, ou qui n'auront pas as-
sisté à quelque séance étonnante d'hypnotisme, de spiritisme ou de quelque chose de
ce genre.

Sans avoir besoin, pour le moment, de
faire le discernement de ces divers genres de
phénomènes, nous pouvons bien affirmer
que, de nos jours comme au temps de nos
pères, la source du merveilleux n'est pas
tarie. Les périodes successives de l'histoire
se confirment les unes les autres en vérifiant
ce que le côté extraordinaire des faits anciens pourrait présenter d'invraisemblable.

On ne saurait refuser une certaine valeur

démonstrative à cette confrontation du passé avec le présent. Au fond, elle constitue l'argument principal des négateurs du miracle, et, mal interprétée, elle sert d'appui à la théorie systématique qui leur fait ramener aux proportions des faits plus récents les anciennes narrations, et éliminer impitoyablement de l'histoire vraie tout ce qui les dépasse.

Cependant, tout en comparant le présent au passé, il ne serait pas conforme à la vraie méthode scientifique de juger strictement des faits anciens par les nouveaux. Prendre trop à la lettre l'ancienne formule : « Ce qui est, c'est ce qui a été » et d'une manière trop rigoureusement étroite la constance des lois de la nature et de l'histoire, serait s'exposer à de grandes méprises.

S'il n'est plus permis en géologie d'attribuer la formation des couches terrestres à de subites et grandioses transformations, on n'a pas non plus admis d'une manière trop exclusive la théorie des *causes lentes*, et l'on a pensé que le système de Lyell n'est pas incompatible avec celui de Cuvier. L'histoire de la terre a eu des phases et des saisons variées comme tout ce qui évolue. Ce serait peu avoir observé les procédés ordinaires de la nature que de vouloir trouver, surtout dans ses œuvres de longue haleine, le caractère constant de l'uniformité et de la monotonie.

De même il ne faut pas juger absolument l'humanité d'autrefois d'après celle d'aujourd'hui. Ce que nous en voyons ne peut nous donner qu'une idée approximative de ce qu'elle a pu être ou accomplir en d'autres temps de son existence.

Au temps de sa jeunesse, elle a pu, en certains lieux, dans certaines parties d'elle-même spécialement douées, traverser des moments d'exaltation et d'ivresse, arriver à des épanouissements d'un ordre à part dont aujourd'hui nous n'avons, du moins au point de vue des manifestations extérieures, que de faibles réductions.

Du reste, quand même par condescendance, nous consentirions à reconnaître que, dans l'humanité primitive, l'imagination plus vivement excitable et excitée par la vue de phénomènes moins *rationnellement* étudiés, a dû présenter et faire accepter comme réels beaucoup de faits purement imaginaires ; quand même nous consentirions à nous priver de tous ceux récusés par nos adversaires, est-il vrai que les faits plus modernes, généralement reconnus comme historiques, ne seraient pas suffisants pour légitimer ce que nous avons à dire du miracle ?

Pour les raisonnements plutôt théoriques et philosophiques que nous avons à présenter, il ne nous importe pas absolument que tel ou tel fait, même parmi ceux racontés dans la Bible, soit historiquement vrai ; il nous suffit de pouvoir penser et affirmer avec le Concile du Vatican, que *des faits* de ce genre ont eu lieu.

Pour acquérir cette conviction, il serait assez du bon sens de Pascal : « Lorsque j'ai considéré, dit-il, d'où vient qu'on ajoute tant de foi à tant d'imposteurs qui disent qu'ils ont des remèdes, jusqu'à mettre souvent sa vie entre leurs mains, il m'a paru que la véritable cause est qu'il y a de vrais remèdes... Ainsi il me paraît aussi évidemment qu'il n'y a tant de faux miracles que parce qu'il y en a de vrais... au lieu de conclure qu'il n'y a point de vrais miracles, puisqu'il y en a tant de faux ; il faut dire, au contraire, qu'il y a de vrais miracles, puisqu'il y en a tant de faux. »

Pour ceux que ce raisonnement ne toucherait pas, nous les invitons à jeter un coup d'œil sur l'ensemble du développement historique de la religion chrétienne ; à considérer sa préparation dans et par le peuple juif dont les idées, les évènements, les personnages nous présentent un tableau si manifestement extraordinaire, son éclosion puissante sous l'influence de Jésus et des apôtres et enfin la série de ses diverses manifestations à travers les siècles qui ont suivi : Voilà assez de merveilles qui en supposent suffisamment d'autres pour servir de base à la *théorie scientifique* du miracle.

Quelle est donc au juste la *cause* de ces faits extraordinaires que la critique la plus sévère ne parviendra pas à éliminer de l'histoire ! Voilà ce qu'il nous faut maintenant rechercher.

III

Le miracle en face de la science métaphysique.

Spiritus est qui vivificat.
S. JOAN. VI, 64.

Envisagé au point de vue de sa *cause* le miracle relève de l'une ou de l'autre des diverses parties plus ou moins élevées de la métaphysique.

Quelle est la véritable cause du miracle ? Quelle est la nature, l'origine immédiate de cette « *vertu* » qui sortait de Jésus pour guérir les malades et accomplir ces merveilles qui en ont fait le thaumaturge par excellence ?

La réponse à cette question nous fera avancer d'un pas de plus dans la définition du miracle.

C'est là surtout que se trouve le nœud des difficultés et l'objet du conflit entre croyants et savants.

Là, il y aura lieu d'expérimenter une fois

de plus la vérité de ce principe : « *Diversi-tas relationum tollit contradictionem* ».

Lorsque sous la multiplicité des objections contre le miracle, on recherche ce qui en est la source principale, on se rend facilement compte qu'il ne s'agit pas avant tout, pour nos adversaires, d'une question d'*histoire*. C'est une question de *philosophie* qui est en cause.

Des habitudes prises dans les dispositions de leurs facultés intellectuelles et morales, un siège fait pour les arrangements de leurs idées spéculatives ou de leur vie pratique ; voilà certainement la double cause explicative des oppositions plus ou moins passionnées chez les représentants de la science.

Ce qui les déconcerte ou les irrite, c'est beaucoup moins le récit des faits merveilleux, anciens ou contemporains, que l'explication traditionnelle du camp opposé.

Quand ils proclament que le miracle n'existe pas, qu'on ne l'a jamais suffisamment constaté ; ce qu'ils veulent dire avant tout, c'est que les faits dits miraculeux n'ont pas le sens qui leur est attribué par les catholiques.

Qu'on lise ce qui a été dit sur le miracle dans ces derniers temps, par ceux qui lui font opposition au nom de la science et l'on

verra comment tout se ramène à la question
de *possibilité* et de *cause.*

Au xviiie siècle si dénué du sens de l'histoire, on s'est mis à nier les faits sans les
discuter autrement que par la moquerie. Le
nôtre que des expériences nombreuses et
des recherches plus approfondies dans le
domaine des sciences religieuses et de l'occultisme, ont rendu plus circonspect vis-à-
vis des lois de la critique historique, se
montre plus réservé dans la négation bru-
tale des faits, plus respectueux des affirmations antiques, et, de nos jours, c'est bien
plutôt une interprétation qui s'élève contre
une autre interprétation.

Le constater dans les ouvrages de Renan,
c'est exprimer la pensée de tous ceux qui
l'ont inspiré ou se sont inspirés de lui et
mettre la question au point où elle en est
aujourd'hui entre les représentants de la foi
et ceux de la science.

Dans son livre intitulé, *Marc-Aurèle,*
Renan nous dit : « Une autre cause a miné
fortement, de nos jours, la religion que nos
aïeux pratiquèrent avec un si plein conten-
tement. La négation du surnaturel est de-
venue un dogme absolu pour tout esprit cul-
tivé. L'histoire du monde physique et du
monde moral nous apparaît comme un dé-

veloppement ayant ses causes en lui-même et excluant le miracle ». Ailleurs il dit encore : « La claire vue scientifique d'un univers où n'agit d'aucune façon appréciable aucune volonté libre supérieure à celle de l'homme, est une ancre inébranlable sur laquelle nous n'avons jamais chassé. Nous n'y renoncerons que quand il nous sera donné de constater dans la nature un fait spécialement intentionnel ayant sa cause en dehors de la volonté libre de l'homme ou de l'action spontanée des animaux. »

Essayons donc, en suivant le débat sur son vrai terrain, de déterminer la cause vraie du miracle et voyons s'il ne serait pas possible de détruire les malentendus en dissipant les obscurités.

Tout l'ensemble de nos connaissances peut se répartir en trois groupes qui renferment ce qui est au-dessous de l'homme, dans l'homme et au-dessus de l'homme. Commençons nos investigations par la sphère *infra-humaine*.

Est ce là que nous pourrons espérer rencontrer la cause du miracle ?

Quelque merveilleux ou extraordinaire qu'il soit, un miracle est toujours un fait sensible. S'il ne l'est pas en lui-même et s'il se passe dans l'intime de l'intelligence et de la volonté, il le devient par ses manifestations extérieures.

A ce point de vue le miracle est de la compétence du savant qui étudie les diverses branches des sciences de la nature : physique, chimie, biologie, physiologie.

Le croyant et les savants d'ordre supérieur n'ont aucun motif de lui interdire, au sujet du fait miraculeux, l'exercice des facultés dont il fait usage vis-à-vis de son objet propre.

A lui de rechercher là comme partout ailleurs les causes immédiates de ce qu'il voit s'accomplir sous ses yeux, et, s'il observe bien, il a chance de les trouver.

Soit, par exemple, une résurrection : Lazare se lève et sort du tombeau. Il y a, dans la complexité de ce fait, une foule de circonstances qu'il ne serait pas raisonnablement possible de soustraire à l'intervention des causes secondes et naturelles. Avant d'atteindre celle qui reçoit l'impulsion de la parole de Jésus, cette force « virtus » qui sort de lui, on passe par une foule de causes, qui, tout en lui étant subordonnées, n'en exercent pas moins leur activité propre.

C'est ainsi que le changement de couleur sera attribué à la circulation du sang,

celle-ci au fonctionnement du système nerveux, et ainsi, de proche en proche, jusqu'à
la première cause.

Jusque-là pas d'autre différence, entre le
miracle et les autres faits de la nature, que
dans la manière extraordinaire dont il s'ac-
complit, c'est-à-dire, dont les causes naturelles produisent leurs effets.

Mais précisément cette différence fournit
le motif qui doit empêcher le naturaliste de
se prononcer sur la cause proprement d'te
du miracle. S'il est fidèle aux procédés scientifiques, il reconnaîtra, dans l'ébranlement
des causes intermédiaires qui sont l'objet de
sa compétence, un effet dont la cause est
plus haut.

C'est ainsi que le mécanicien, quelle que
soit son habileté, ne se chargera pas d'expliquer pleinement les mouvements corpo-
rels dont le principe est dans l'intelligence
et la volonté. Il fera appel à d'autres spé-
cialistes et c'est de proche en proche jusqu'au psychologue, qu'il faudra remonter
pour avoir une explication satisfaisante.

Un fait miraculeux, comme ceux dont
nous nous occupons, accompli sur un signe
de la volonté humaine, ou par suite d'actes
humains, n'a pas sa cause propre dans la
sphère infra-humaine, pas plus qu'un acte

corporel commandé par la volonté. Mais rien ne l'empêche d'y avoir aussi bien que tout autre fait sensible, ses causes instrumentales. Le savant a le droit de les examiner, de les analyser, de les juger, et tout cela, sans contredire ni gêner en rien le rôle du croyant.

Aussi ce dernier, lorsque sa foi est bien servie par la raison, comme en St-Thomas par exemple, ne fait-il aucune difficulté d'admettre, dans le miracle, l'intervention des causes secondes qu'il nomme alors causes ministérielles ou instrumentales, et cela est tout-à-fait conforme au grand principe auquel, après St-Denis, le docteur Angélique fait si souvent appel : « *Deus infima per media disponit.* »

Ce n'est pas lui qui songerait à interdire les recherches scientifiques des médecins au sujet des miracles, sous prétexte qu'ils sont des œuvres divines. Il ne serait nullement scandalisé d'entendre parler du rôle du système nerveux dans les guérisons de Lourdes. Sachant bien que la « vertu » miraculeuse ne paralyse pas l'action des causes secondes naturelles, mais que bien plutôt elle les emploie et les subordonne à son but, il se réserverait de rechercher la nature de cette force supérieure et de la faire reconnaître à ceux qui pourraient et voudraient le suivre sur son propre terrain.

Liberté, même à l'écrivain réaliste, d'exercer ses talents d'observation et d'imagination sur les petits côtés des faits miraculeux, pourvu qu'il sache se récuser à propos et reconnaître son incompétence pour ceux qui ne lui sont pas accessibles.

D'autre part, le savant serait mal venu d'attribuer à la nature physique et à ses lois plus ou moins occultes, ce qu'il appelle des manifestations soi-disant surnaturelles et de dire avec Littré « qu'on les range dans ce domaine particulier où la médecine confine à l'histoire ; qu'on les place dans la catégorie des troubles du système nerveux. »

Est-ce légitime et vraiment scientifique d'appeler *morbides* des phénomènes comme les visions de Jeanne d'Arc, les apparitions, les guérisons de Lourdes, qui se présentent au contraire avec des caractères si visiblement harmonieux, et produisent un état d'âme capable de réparer les désordres de la nature viciée ?

Du reste, en supposant que la pathologie soit pour quelque chose dans des faits plus ou moins semblables à ceux que nous avons choisis pour types des miracles, ce n'est pas là une explication. Cette pathologie elle-même présente des caractères qui ont besoin d'être expliqués. Pas plus que la santé, la pathologie n'est à elle-même sa cause, et des effets *extraordinaires*, qu'ils soient sains ou morbides, doivent être attribués à une cause *extraordinaire*.

Cette cause, puisque la plupart des faits appelés miracles sont accomplis par l'intervention d'un thaumaturge, c'est donc au moins jusqu'à la sphère *humaine* proprement dite, à celle de l'intelligence et de la volonté, qu'il faut remonter pour la trouver.

Mais faut-il et pouvons-nous en rester là ? Les miracles, qu'ils soient de l'ordre intellectuel, moral ou physique, trouvent-ils dans la sphère de l'intelligence et de la volonté humaines, leur explication scientifique ? Sont-ils des faits simplement psychologiques ? Que peuvent nous en dire les représentants de la science psychologique ?

Là encore on ne voit nullement pourquoi le croyant et les savants d'ordre supérieur, comme le théologien et le philosophe, interdiraient au psychologue de vérifier, dans son domaine propre, l'intervention des causes dont la connaissance est de son ressort et lui ôterait l'espoir de les constater.

Pourquoi là, aussi bien que la nature

physique dans la sphère infra-humaine, l'activité de l'imagination et des passions, de l'intelligence et de la volonté, ne serait-elle pas cause dans l'accomplissement du phénomène miraculeux ?

Dans une prophétie, un acte de vertu héroïque, une prière ou un commandement intimé à un malade, se trouvent des circonstances qui relèvent tout naturellement de cette activité intellectuelle et morale, et il ne serait pas scientifiquement possible d'en méconnaître l'influence.

Mais cette cause est-elle suffisamment explicative du miracle ? Impossible de répondre d'une manière affirmative.

De même qu'il n'est pas possible de se contenter d'une explication d'ordre mécanique pour le mouvement de la langue et de la main dans un homme qui parle ou gesticule, de même on ne saurait chercher ni trouver, dans un mouvement d'ordre intellectuel ou moral, une cause proportionnée au genre de phénomènes que nous avons en vue.

L'intelligence et la volonté ont des limites suffisamment connues et déterminées pour qu'on puisse se rendre compte de ce qu'elles peuvent embrasser. Ce qui les dépasse doit être attribué à une autre cause, de même qu'on attribue à une autre cause ce qui dépasse la sphère de la sensibilité et de l'activité purement animales.

C'est un principe général et de bonne méthode scientifique de sérier et de classer les causes d'après la nature des effets.

En vain, les savants, par crainte du surnaturel, invoquent les puissances d'une imagination exaltée, d'une intelligence et d'une volonté surexcitées, et nous apportent en exemples, comme produits de cette exaltation d'âme, des faits extraordinaires analogues à ceux que nous appelons miracles.

En vain les thérapeutes de la psychologie pour qui tout dans l'homme, même le génie, présente des caractères morbides, inventent des noms pour catégoriser les diverses sortes de maladies mentales et pour expliquer, d'après les principes de leur science propre, tout ce qu'ils observent d'anormal ; on ne nous amènera pas à ranger dans une même catégorie les harmonieuses conceptions intellectuelles d'une Sainte-Thérèse et les hallucinations spontanées ou provoquées des malades de la Salpêtrière.

Du reste, si dans les opérations du magnétisme, de l'hypnotisme, du spiritisme, que l'on se plaît à comparer avec les miracles de l'histoire sainte ou de la vie des saints, on trouve des faits analogues, ce sera tout-à-fait conforme aux bons procédés de la science de les attribuer à une cause du même genre, alors qu'elle serait, au point de vue moral, différemment orientée.

Prenons des faits manifestement pathologiques, comme par exemple les exaltations des pythonisses ou des sibylles païennes, les excentricités des religieuses de Loudun, des convulsionnaires jansénistes ou des prophètes protestants, certaines expériences d'hypnotisme ou de médiumnité spirite ; on ne voit pas comment aucun des noms nouveaux, substitués aux anciens par la médecine moderne, peut servir d'explication scientifique. En admettant qu'au point de vue de la difficulté de leur exécution, il soit nécessaire de ranger ces diverses sortes de faits sur un même plan, de les attribuer à une même cause générale, comme on attribue à une même faculté des actes moralement bons ou mauvais, il ne s'ensuivrait nullement que cette cause dût être mise au nombre des puissances jusqu'ici bien *déterminées* de la nature humaine. Que la sensibilité, l'imagination, la volonté ou l'intelligence soient sainement ou pathologiquement excitées, on n'est pas plus avancé dans un cas que dans l'autre, au sujet de la provenance de cette excitation. Les exaltations de l'imagination ou de l'intelligence ne sont pas plus une explication des actes miraculeux accomplis par les prophètes et les saints, que les névropathies n'en sont une, des guérisons corporelles.

Chacune de ces facultés peut bien n'être que le réceptacle et l'intermédiaire de cette excitation, de même que l'air chaud d'un appartement n'est que l'intermédiaire de la chaleur provenant du foyer.

Changer le nom de *vision* en celui d'*hallucination*, le nom d'*extase* en celui de *catalepsie*, de *clairvoyance magnétique* ou de *crise hystérique*; désigner la faculté plus ou moins élevée qui sert à la manifestation de certains phénomènes extraordinaires, n'est pas avoir nommé la puissance proprement causatrice de ces phénomènes.

Bon nombre de savants, il est vrai, qui ne sont pas les moins recommandables par le sérieux et l'étendue de leur science, ont la modestie, en face de ces divers faits qu'ils admettent aussi bien les uns que les autres, de se récuser et de se déclarer incompétents pour juger de leur véritable cause; mais cette modestie ne doit pas dégénérer en timidité excessive. Espérons que bientôt, fidèles aux procédés ordinaires de la méthode scientifique qui a présidé à tant de belles découvertes, ils feront un pas en avant et se diront : « Puisque des observations bien constatées nous mettent en présence de phénomènes extraordinaires et d'un caractère tout-à-fait à part, c'est à une cause tout à fait particulière qu'il faut les attribuer. Puisque le caractère particulier de ces faits les classe au-dessus de tout ce qu'on attribue aux facultés ordinaires de l'humanité, c'est donc au-dessus de ces facultés ordinaires qu'il faut en classer la cause. C'est par delà les énergies connues des puissances dénommées de l'âme humaine qu'il faut chercher l'origine de cette force dont les effluves rayonnent à travers les autres effets des causes secondaires et instrumentales.

A juste titre cette force sera appelée *surnaturelle* puisqu'elle dépasse l'efficacité de ce que nous appelons nature physique ou intellectuelle dans l'homme. Si les facultés naturelles de l'intelligence et de l'imagination sont en exercice dans le miracle, ce n'est que d'une manière subordonnée à cette force supérieure.

C'est donc à la sphère *supra-humaine* qu'il faut s'élever pour trouver la cause efficiente du miracle ; mais dans quel département de cette région faut-il la classer ?

Faut-il remonter jusqu'à la cause première, à Dieu ? Et, comme en Dieu, on
peut envisager soit le principe du monde
naturel, soit le principe du monde surnaturel ; est-ce à l'un ou à l'autre de ces deux
principes, est-ce à la philosophie ou à la
théologie qu'il faut demander l'explication
proprement scientifique du miracle que la
science purement psychologique ne nous
donne pas?

Evidemment, pour qui admet l'existence
de Dieu, (et c'est à celui-là seulement que
nous nous adressons), c'est en lui que le
miracle, comme tout autre fait, a sa cause
première et *immédiate.*

Dieu est le principe à la fois intime et
transcendant qui se tient à la base, au milieu et au sommet de toutes les existences
pour leur donner l'être et le perfectionne-
ment. C'est la cause créatrice et conservatrice en dehors de laquelle absolument rien
ne peut commencer ni durer.

Aux yeux du croyant et du théologien,
Dieu est tout cela pour l'univers, au point
de vue surnaturel. Il le constitue dans un
état d'ordre supérieur, et, lui faisant dépas-
ser les énergies naturelles qu'il lui commu-
nique par son action extérieure, il le rend
participant de sa vie propre et intime.

Voilà un double point de vue auquel le philosophe et le théologien sont libres de se placer pour envisager le miracle.

Libre à eux d'envisager le fait extraordinaire et même tout fait quelconque dans les clartés du premier principe et de la vérité première. Comment leur refuser le droit de s'élever jusqu'à la pensée de la puissance créatrice et de la cause première et immédiate, et d'en considérer la présence mystique au fond de tous les phénomènes qui s'accomplissent dans l'univers ? Comment leur interdire l'exercice du sens divin qu'ils portent au plus profond de leur nature intellectuelle, et les empêcher de l'appliquer à son objet propre ? à leurs yeux tout cet univers est un composé d'images plus ou moins fugitives destinées à leur rappeler l'éternelle présence, l'éternelle activité de l'Etre infini. Dans toute production, dans tout développement, ils contemplent le symbole plus ou moins expressif de la fécondité qui donne le commencement à toute vie, et de l'idéal suprême qui en provoque l'épanouissement.

Qu'est-ce que le savant naturaliste pourrait bien opposer à un genre de conceptions transcendantes qui dépassent si complètement les siennes ? Il n'est pas, il ne travaille pas sur le même plan. Il n'a pas à nier ; mais s'il veut être sincère, il doit se déclarer incompétent ou mieux devenir lui-même croyant et se servir de ses connaissances scientifiques comme de degrés préparatoires aux envolées de l'au-delà.

Quand donc le savant entendra le théologien dire en parlant du miracle « *Digitus Dei est hic ;* Il y a là une force supérieure à toute force créée; le miracle est un fait produit par Dieu en dehors de l'ordre établi et communément observé parmi les êtres, un fait extraordinaire et divin »; qu'il reconnaisse et respecte en lui le droit de parler ainsi et de se tenir sur le plan transcendant de la science théologique, en Dieu et son activité créatrice ! qu'il ne lui ôte pas cette consolation tant regrettée par ceux qui l'ont perdue !

« Combien la vie paraît alors triste et désenchantée ! nous dit Edmond Schérer. Réduits à manger, dormir et gagner de l'argent, privés de tout horizon, combien notre âge mûr nous paraît puéril, combien notre vieillesse triste, combien nos agitations insensées ! Plus de mystère, c'est-à-dire, plus d'inconnu, plus d'infini, plus de ciel au-dessus de nos têtes, plus de poésie ! ah ! soyez en sûr, l'incrédule qui rejette le miracle tend à dépeupler le ciel et à désenchanter la terre.

« Le surnaturel est la sphère naturelle de l'âme. C'est l'essence de sa foi, de son espérance, de son amour.

« Oui, il nous faut un Dieu vivant et présent, et le surnaturel nous le donne. Le Dieu qui ne peut pas ou ne veut pas descendre sur notre terre et y manifester sa puissance et sa gloire, ce Dieu est le Dieu du déisme, un machiniste caché dans les cieux, une abstraction de l'esprit, un Dieu mort. »

Ainsi il y a liberté, non seulement pour le philosophe, mais aussi pour le théologien, de se placer au point de vue de la cause *première* et d'envisager ce qu'il y a de primordial dans le miracle ; mais y sommes-nous tenus, quand nous voulons désigner sa cause *propre* ?

Le miracle peut-il avoir une cause scientifique et directe qui ne soit pas nécessairement la cause première et, d'autre part, doive être cherchée au-dessus de la sphère humaine ? Se trouve-t-il à ce degré de l'échelle des êtres un *principe* de connaissance et d'activité qui puisse expliquer la nature du fait miraculeux ?

C'est là que se trouve le point précis de la question tant débattue au sujet du miracle, la cause du conflit entre croyants et savants.

Voyons si le théâtre de la lutte ne pourrait pas devenir celui de la conciliation et
s'il ne serait pas possible d'y conclure la
paix sans exiger, ni des uns ni des autres,
des concessions préjudiciables à leurs principes.

Nous adressant d'abord au savant, nous
lui demandons : Où voyez-vous une difficulté sérieuse à admettre que le miracle ait
une cause surnaturelle, supérieure à toutes
les puissances de la nature jusqu'à la volonté
humaine inclusivement ?

Est-ce dans les négations systématiques
de vos devanciers ?

Assurément cette manière de procéder
n'a pas manqué chez un bon nombre de
ceux que vous appelez vos maîtres.

De parti pris et sans examen on a le plus
souvent écarté tout ce qui semblait dépas-
ser les forces de la nature et on l'a impitoyablement relégué dans le domaine de la fan-
taisie et de la légende.

Combien de fois, pour honorer la science,
n'a-t-on pas déclaré le miracle impossible
ou du moins sans réalisation constatée !
Quelle peine ne s'est-on pas donnée pour
le supprimer dans les récits de la Bible ou
du moins pour le ramener aux proportions
des faits scientifiquement explicables !

Toutefois il y a eu des exceptions parm
ces anciens maîtres, et surtout, voilà que
de nos jours, l'attention des médecins, des
physiciens, des psychologues, partout pro-
voquée par une foule de faits merveilleux,
leur fait se demander très sérieusement si
ces maîtres n'ont pas été trop exclusifs dans
leurs jugements vis-à-vis des anciens miracles.

Aussi avons-nous vu, dans ces derniers
temps, un bon nombre de savants délaisser
le champ de leurs études propres pour abor-
der celui des phénomènes dont naguère ils
dédaignaient d'entendre parler. L'Académie
elle-même ne se montre plus inaccessible à
l'engouement qui se généralise et les produc-
tions mystiques de plusieurs éditeurs comme, par exemple, l'*Art indépendant*, ne
laissent pas de causer une certaine impression dans le monde de la littérature savante.
Des expériences comme celles de la Salpêtrière, des phénomènes psychologiques
comme ceux du spiritisme, des visions-et des
guérisons extraordinaires comme celles de
Lourdes ; voilà une catégorie de faits qui, en
ce temps d'occultisme à outrance, ne peut,
malgré toute la ténacité des habitudes prises,
passer inaperçue aux yeux de la science
contemporaine.

Victorien Sardou est venu à son heure avec son *Spiritisme*, et il a pu dire sans hésiter en parlant de ces sortes de faits merveilleux : « Les nier *a priori*, sans examen, sous prétexte que la loi productrice n'existe pas, parce qu'elle est inconnue ; contester la réalité du fait, parce qu'il ne rentre pas dans l'ordre des faits établis et des lois certaines, c'est l'erreur d'un esprit mal équilibré qui croit connaître toutes les lois de la nature. Si quelque savant a cette prétention, c'est un pauvre homme ».

Il n'y a donc pas, dans les systèmes préconçus de la science d'autrefois, de barrière infranchissable qui empêche l'esprit de s'élever à la conception et à la reconnaissance d'une cause supérieure à celles de la nature jusqu'ici scientifiquement explorée. La trouverons-nous dans la nature des faits ? Leur étude obligera-t-elle le savant de se tenir enfermé dans la série des causes connues et bien définies de la nature humaine ?

C'est là ce que prétendent toujours beaucoup de savants.

Pour les faits anciens, disent-ils, après les avoir fait passer au crible d'une saine critique, pour éliminer les uns et ramener les autres aux propositions des faits plus

récents, ils se réduisent, comme ces derniers, au jeu plus ou moins anormal des
nerfs et de l'imagination. *Pathologie de
l'esprit, ivresse des sens, hallucination, hyp-
nose, catalepsie, somnambulisme, magnétisme, névroses :* voilà, autant qu'on en voudra, des casiers et des étiquettes pour classer les phénomènes morbides et extraordinaires de tous les temps. Aucun de ces
phénomènes, mal interprétés par les ignorants, n'échappe à la sphère des connaissances et des puissances de la nature humaine et n'oblige à traiter le surnaturel autrement que comme une catégorie fantai-
siste et sans objet réel.

Que faut-il penser de cette exclusion ?
Est-elle réclamée par l'étude scientifique
des faits ?

Nous avons vu plus haut ce qu'il en faut
penser et comment le malentendu pourrait
être dissipé par l'admission d'une cause à
la fois naturelle et surnaturelle du miracle.
Cette cause que nous appellerons *spirituelle*
pour en revenir à l'ancienne classification de
St-Paul (*corpus, mens, spiritus*), serait à la
nature intellectuelle de l'homme ce que celle-ci est à sa nature sensible. C'est un degré de plus à distinguer et à reconnaître dans
l'échelle des facultés humaines.

Tout l'ensemble des faits ordinaires ou extraordinaires produits ou régis par cette puissance spirituelle, qu'ils soient du reste orientés dans un sens bon ou mauvais, prendra très bien le nom de *règne spirituel*. Il fera suite au *règne humain* comme celui-ci fait suite aux règnes inférieurs : *animal, végétal, minéral, sidéral.*

L'éclosion de cette notion spéciale d'un nouveau règne dans l'esprit du savant, ami de l'ordre et de la clarté, se fait aussi naturellement que celle de tous les autres règnes. Les disciples de M. de Quatrefages ne peuvent que souscrire très volontiers à une classification qui répond si bien à celle de leur Maître en la complètant.

Quant aux partisans du système de *l'Evolution*, ils ne peuvent que se trouver très à l'aise avec cette théorie du règne spirituel. Son avènement comme réalité objective ou comme pensée, concorde parfaitement avec l'idée qu'ils se font des progrès de la nature et des connaissances humaines. Ceux qui nous disent, qu'aux temps tout à fait préhistoriques où le singe était le roi de la Création, on pouvait déjà, à certains signes d'une raison ébauchée, pressentir l'avènement du *règne humain* et que *l'animal-homme* était *dans l'air*, doivent se trouver tout disposés à nous laisser dire à notre tour, que *l'homme esprit* est dans l'air ou mieux qu'il est depuis longtemps réalisé sur la terre. Car le Christ et avec lui toute cette par:'e de l'humanité qui a vécu de lui, en a été une manifestation assez éclatante pour que *l'homme spirituel* puisse être déclaré une réalité vivante.

Et cette puissante éclosion du règne spirituel ne saurait être comprimée. Elle a bien décidément envahi la terre et son domaine a une place au soleil qu'il n'est plus possible de méconnaître ou de supprimer.

Le règne humain a trouvé son couronnement qui ne lui sera point ôté. Qu'il le veuille ou ne le veuille pas, son rang n'est désormais que le second. Les révoltes, les attaques des pouvoirs civils ou de la raison contre le pouvoir spirituel auront le sort des révoltes et des attaques de la sauvagerie contre la civilisation et des bêtes féroces contre l'animal humain...

Ce degré de manifestation vitale a pris rang parmi les ascensions à jamais fixées de l'évolution transformatrice et conquis une souveraineté dont elle ne pourra être détrônée que par une autre éclosion d'un ordre encore plus élevé...

Du règne sidéral, base matérielle de tous

les autres, jusqu'au règne infiniment parfait,
constitué par la société des personnes divines, qui dira le nombre des réalisations pos-
sibles ? Qui limitera la puissance d'évolution renfermée en germe dans les flancs de
la mère universelle qui est la nature et qui
pourra classer tous les degrés de sa force
obédientielle ?...

Rien de tout cela n'est de nature à con-
trarier les inductions de la science, ni à dé-
plaire aux vastes ambitions de ses représentants. La question du miracle surnaturel
ainsi envisagée rentre au nombre de celles
qui sont de leur compétence et livrées à
leurs légitimes investigations. Aussi, croyons-
nous, sur ce terrain, ils feront volontiers le
pas qui les mènera vers la conciliation.

En sera-t-il de même de la part des théologiens ? Ce qui fait hésiter à répondre af-
firmativement, c'est la résistance, qui de ce
côté, s'oppose à toute apparence de changement dans la doctrine universellement
reçue. Là, des habitudes d'esprit depuis
longtemps acquises et plus favorables à son
repos qu'à son mouvement, ne leur feront-
ils pas trouver trop pénible tout dérange-
ment du point de vue élevé qui leur est
propre ?

Il s'agirait pour eux d'opérer, dans ce

qu'ils ont toujours appelé le *Royaume de Dieu*, l'analyse et le dédoublement que les savants consentiront certainement à faire dans le *règne humain*. Eux qui ont toujours tant affirmé, depuis Moïse jusqu'à St-Thomas, que « le miracle est une œuvre divinement accomplie, une œuvre absolument surnaturelle », admettront-ils qu'une telle œuvre, tout en étant au fond d'elle-même, divine et surnaturelle, pourrait être en même temps le produit direct d'une énergie spirituelle, créée comme toutes les autres, bien que sur un plan supérieur et relativement surnaturel ?

Le miracle peut-il avoir une cause propre qui ne soit pas nécessairement la cause première ? Voilà le problème à résoudre du côté de la théologie.

Deux choses sembleraient devoir empêcher le croyant de l'admettre : la nature des faits miraculeux et le langage traditionnel. Voyons ce qu'il en faut penser et si la difficulté est réellement insurmontable.

Qu'on les envisage en eux-mêmes ou dans le mode de leur accomplissement, ces faits portent-ils d'une manière nettement exclusive l'empreinte divine qu'on ne puisse légitimement les attribuer qu'à Dieu ?

Etudions-en quelques-uns comme types,

et, puisque nous avons fait la partie belle au savant, en considérant les plus simples et les plus universellement avoués, montrons-nous également généreux vis-à-vis du théologien, en prenant comme types les moins admis parce qu'ils sont plus extraordinaires et regardés comme plus difficiles.

Les miracles sont des phénomènes d'*activité physique* ou *morale* ou des phénomènes de *connaissance*.

Dans le premier groupe mettons de côté tous ceux qui peuvent laisser place au plus léger doute, au sujet de leur provenance naturelle, et mettons-nous immédiatement en face de celui qui a toujours paru le plus frappant et le plus manifestement surnaturel : la résurrection d'un mort.

Eh bien ! nous faisons appel à la franchise du théologien. Se croit-il tenu d'affirmer que, pour remettre les cellules du cadavre en état de recevoir à nouveau son âme et déterminer celle-ci à reprendre son corps, il soit absolument nécessaire de recourir à une vertu *divine*, à une énergie proprement *créatrice*.

Pour nous, sans hésitation, nous affirmons ne pas voir ce qui pourrait l'y obliger. Les causes secondes sont en jeu pour préparer et produire instrumentalement les circons-

tances secondaires du fait de la résurrection;
pourquoi une cause seconde ne pourrait-elle
pas l'être pour l'accomplissement de la partie principale de ce fait?

Evidemment, dans un cas de ce genre, il
faut recourir à une cause d'un genre ordinaire ; mais pour s'élever à la proportion
de ce phénomène, on ne voit pas qu'il soit
nécessaire de s'élever au-delà d'une énergie spirituelle qui serait à la volonté humaine ce que celle-ci est relativement à la puissance correspondante du règne animal.

Si nous sommes obligés de reconnaître des
limites assez étroites à l'efficacité d'un ordre
purement humain, rien ne nous empêche
d'étendre, autant qu'on le voudra, celles
d'une puissance spirituelle, plus intense et
plus intimement pénétrante. Que le thaumaturge en soit imprégné, et des faits surhu-
mains en seront la manifestation plus ou
moins étonnante, de même que les manifestations de l'activité humaine sont plus ou
moins étonnantes pour les représentants du
règne animal qui en sont témoins.

Ce que nous disons d'une résurrection et
en géhéral de tout fait miraculeux de l'ordre physique, nous pouvons le dire de tout
phénomène de l'ordre moral considéré au
point de vue de la difficulté d'exécution ;

mais, sans insister là où il nous semble que
le théologien est lui-même moins affirmatif,
allons de suite au genre de faits qui lui pa-
rait surtout porter l'empreinte et la signature de Dieu.

Il s'agit des faits miraculeux de l'ordre
intellectuel et particulièrement de la prophétie des choses à venir.

Ce serait peut-être pousser trop loin la
complaisance que de reconnaître avec les
théologiens les plus intransigeants, l'au-
thenticité de certaines prophéties anciennes
où il s'agit d'évènements très précis, comme
celle de Daniel par exemple, et il serait
sans doute prudent d'y opérer des réductions, comme on a dû le faire pour les prophéties plus modernes : mais nous avons
promis d'être aussi généreux que possible
et nous croyons pouvoir l'être jusqu'à ce
point.

Du reste ce n'est pas la prédiction des
choses futures qui est donnée comme la
plus difficultueuse ; celle qui, assure-t-on,
exige absolument la prescience même de
Dieu et par conséquent la science infinie,
c'est la prédiction des *futurs libres*. Eh bien,
là même il nous semble qu'une science
relativement surnaturelle, comme serait
celle d'une faculté spirituelle plus particu-

lièrement épanouie dans certains hommes, expliquerait suffisamment cette connaissance de l'avenir.

C'est une question encore bien obscure que celle de la liberté, comme toutes celles où se trouvent mêlées les notions de l'absolu et.du relatif. Où trouver dans la nature et dans l'histoire un seul événement qui soit absolument libre, qui ne soit pas aussi bien déterminé que libre ? Sans doute, au point de vue de Dieu, tout est absolument libre dans les événements. Ils arrivent tous parce qu'il les veut librement ; mais, au point de vue naturel, ils sont déterminés par leurs causes, et ces causes étant posées, on peut les connaître et en elles leurs conséquences. « Le présent, selon le mot de Leibnitz, est le .fruit du passé et le germe de l'avenir ». Ce qui a été est le prélude de ce qui sera. C'est un commencement d'exécution des volontés de Dieu. Le connaître parfaitement serait connaître parfaitement l'avenir. Mais, dans aucun oracle de prophète, il ne s'agit d'une connaissance *parfaite* de l'avenir. Ce qui a été vu et dit n'a pas besoin d'être cherché dans la cause toute puissante et divine. On ne voit pas que rien y dépasse les énergies des causes spirituelles surhumaines. Une certaine connaissance des lois du règne spirituel sera suffisante pour pénétrer dans ces causes et par conséquent dans leurs effets. Sans doute il s'agit de causes libres, mais d'une liberté *limitée* et *créée*. Toute liberté a certaines manières de s'exercer qu'une intelligence supérieure peut connaître. Combien de prédictions peuvent être faites par des psychologues ou des politiques, sans aucun détriment de la liberté morale des individus ou des peuples! Plus on s'élève dans la connaissance de ce qui *est* et de ce qui *a été*, et plus on peut avancer loin dans la connaissance de ce qui *sera*.

Disons que les voyants et les prophètes anciens ou modernes sont des hommes *spirituels*, comme nous disons que l'homme intellectuel est un animal *raisonnable* et nous donnons par là même une explication scientifiquement suffisante des phénomènes de connaissance supérieure dont ils sont les agents. Ce qu'ils voient est non pas dans l'essence même de Dieu, mais dans une région créée, une zône supérieure de l'univers, et des espèces (*species*) également créées, mais supérieures et surintelligibles, dans la partie la plus élevée de leur esprit, suffisent pour cette vision. Si par transformation les images de l'imagination deviennentnent les idées de l'intelligence ; à leur tour, ces dernières peuvent se tranformer en éléments de connaissances spirituelles.

Mais si, de l'examen des faits miraculeux considérés dans leur *substance*, il ne résulte pas qu'on soit obligé de les attribuer immédiatement à Dieu ; n'y est-on pas contraint par le *mode* de leur accomplissement ? Si théoriquement tel ou tel fait de connaissance ou d'activité physique ou volontaire, pourrait, à la rigueur, être attribué à une cause créée, ne peut-on pas trouver dans la manière dont ils sont réalisés, le signe évident de l'intervention divine qui fait dire infailliblement. « *Digitus Dei est hic* » ?

Assurément, en se plaçant par le regard de la foi au point de vue du sens divin des choses, on peut reconnaître et affirmer l'empreinte divine. Mais où ne peut-on pas la reconnaître ? Elle n'est pas spéciale au miracle. Rien ne saurait lui échapper, pas même les actes des causes les plus perverses. De tout ce qui est et se fait dans l'univers Dieu est responsable, et il s'en sert pour le but ultime et définitif auquel aboutissent inévitablement toutes les tendances. A ce point de vue, tout est marqué du sceau de Dieu dans son origine et dans sa destinée. Tout vient de Dieu, manifeste Dieu, va à Dieu. L'orientation moralement bonne d'un fait miraculeux, pas plus que celle d'un fait ordinaire ne suffit à nous en manifester la provenance directement divine, et elle peut coexister avec une cause d'ordre supérieur aussi bien qu'avec la simple volonté naturelle.

Là encore l'intervention d'un principe spirituel est suffisante, et le savant qui s'en tient à la recherche des causes secondes, s'il est obligé de s'élever jusqu'à celle-ci, est en droit de s'y arrêter, pour donner au miracle une explication scientifique.

Mais, avec un pareil système, nous voilà replongés dans les limites d'un monde infini.

Ce règne spirituel qui s'élève d'un degré au-dessus des autres règnes, c'est toujours du fini, c'est toujours la nature. Que deviennent les grandes envolées d'autrefois dans l'immensité de l'infini ? Voilà fermées pour nos yeux les portes du ciel ! Que devient la foi de nos pères ? C'est le schisme vis-à-vis de la théologie, vis-à-vis de l'Eglise catholique qui, par le Concile du Vatican, nous affirme positivement l'existence des miracles ou faits *divinement* accomplis ? »

On ne saurait nier que l'attribution du miracle ou, si l'on veut, d'une partie du miracle à une cause créée, apporte de profondes modifications dans les conceptions de la théologie actuellement régnante. Il y a là le principe, non pas d'une *révolution*, mais d'une *évolution* considérable.

Mais, affirmer que l'Eglise peut progresser dans l'interprétation de sa foi, ce n'est pas lui être hostile ; c'est rendre hommage à sa vitalité, et depuis longtemps cet hommage lui a été rendu par les plus illustres de ses docteurs.

Mettons-nous en face de la difficulté et reconnaissons que les contradictions sont plus apparentes que réelles.

Sans doute rien n'est plus expressif que le langage des anciens au sujet des interventions de Dieu dans l'âme des hommes ou dans les phénomènes de la nature. « La main du Seigneur est tombée sur moi, s'écrient les prophètes ; le Verbe de Dieu s'est fait entendre. Son Esprit est entré dans mon âme. J'ai vu, et voici ce que dit le Seigneur. J'ai entendu la voix du Seigneur. — « Nombreux sont les passages de la Bible où il est dit que le Seigneur apparaît à ses serviteurs, qu'il leur met ses paroles dans la bouche. Ce sont ensuite les mêmes expressions dans le langage des Pères, des docteurs et des conciles de tous les âges et de tous les temps dans l'Eglise catholique, et, pour tous, comme pour St-Thomas : « *Prophetia vere et simpliciter dicta est ex inspiratione divina. Miráculum est factum quod fit divinitus* ».

Mais si l'on fait attention que dans les saints livres, ce ne sont pas seulement les connaissances et les faits extraordinaires, mais encore les évènements les plus ordinaires de la nature humaine et physique, qui sont attribués au Seigneur ; on aura moins de peine à permettre au savant la recherche des causes secondes qui ont présidé à la production de toutes ces sortes de faits.

Le psychologue, à la vue de ces expressions de la Bible : « *Hæc dicit Dominus. Domino cooperante* », ne doit pas être plus arrêté dans ses investigations que le physicien ne l'a été par celles où le tonnerre est appelé la *voix du Seigneur* et la nuée, *son manteau*, ou que l'historien philosophe ne l'a été par celles qui représentent les peuples comme déconcertés et troublés devant la majesté du Dieu d'Israël. Qu'on lise en particulier le psaume 134° et l'on verra comment les écrivains sacrés ont continué d'attribuer également à Dieu les faits ordinaires ou extraordinaires, sans se préoccuper, dans un cas plus que dans l'autre, des causes intermédiaires. Ils se tiennent constamment au point de vue élevé du sens divin et regardent toutes choses à cette lumière transcendante.

Si, plus tard, l'Eglise qui est surtout conservatrice a gardé si respectueusement le langage beaucoup plus religieux que scientifique de ses ancêtres dans la foi, ce ne fut nullement avec la pensée de porter préjudice aux autres manières de connaître ni d'entraver les procédés spéciaux des divers ordres de sciences. Elle n'entend pas que son amour de la tradition soit un piège ou un scandale pour personne. Pourvu qu'on n'ait pas la prétention de la trouver en désaccord avec elle-même ou avec les affirmations légitimes de la science ; elle laisse la liberté la plus entière de scruter et d'analyser les divers degrés de la connaissance humaine. Au progrès à accomplir dans ce sens elle n'impose aucune limite.

Un moyen infaillible pour le savant de n'avoir jamais à contredire l'Eglise dans son langage, c'est de se souvenir du point de vue auquel elle se place toujours. Pour elle, c'est celui de la foi, celui d'où elle peut contempler par delà toutes les manifestations des énergies créées, la vertu divi-

nement créatrice et la vérité première. Ce
n'est que dans ses rapports surnaturels
avec la cause souveraine que le fini devient
aussi l'objet de la foi de l'Eglise et de ses
préoccupations. Tout ce qui concerne le
fini comme tel, c'est aux études et aux discussions des savants qu'elle l'abandonne.

Dès lors les expressions de l'Eglise de
tous les temps, au sujet des faits miraculeux, n'ont pas lieu d'être contredites. Elles
restent vraies, puisqu'il y est question de
ces faits au point de vue de leur cause première et absolument surnaturelle. Mais
d'autre part elles ne contredisent pas le
langage de la science qui, se plaçant en face
des causes secondes, les analyse et dénom-
me celles qui répondent le plus directement
à ses *pourquoi*.

Libre à elle, si elle le peut, de dédoubler
les faits qui lui sont proposés, et tout en
laissant à l'Eglise la meilleure part qui est
celle de la foi, de chercher pour les diverses
facultés perceptives de l'âme, tout ce qui
peut leur servir d'aliments. Si, en présence
de phénomènes objectifs extraordinaires, il
lui est nécessaire d'analyser ces facultés et
d'en définir une qui leur soit proportionnée;
c'est là un travail d'hypothèses et de cons-
tatations expérimentales qui lui est réservé.

Et puisque, par l'étude des faits miraculeux
ou d'origine spirituelle, il est amené à la
reconnaissance d'une puissance de même
ordre, il n'hésite pas à en affirmer l'existence
dans l'âme du prophète et du thaumaturge.
Il n'a pas à craindre les remontrances de
l'Eglise; et s'il rencontre les oppositions du
théologien, ce sera non pas sur le terrain
de la foi, mais sur celui de la science. Là il
peut conserver toute sa liberté et toute sa
confiance dans la supériorité de sa compétence.

Ainsi, ni le langage traditionnel de l'Eglise, ni la nature des faits miraculeux ne fait
une obligation au théologien d'interdire au
savant l'hypothèse ou l'affirmation d'une
cause spirituelle plus ou moins développée
dans l'humanité ; et même, s'il veut bien se
familiariser quelque peu avec les procédés
de la science et porter son attention sur les
circonstances qui accompagnent le miracle,
il se sentira plutôt sollicité à admettre la
légitimité de ses conclusions.

Sans doute il nous affirme que la vertu
miraculeuse, dans celui qui en est le dépo-
sitaire, n'exige de soi aucune disposition,
mais qu'en tout temps, en tout lieu, en toute circonstance, en tout individu, elle con-
serve son caractère de pure bienveillance

de la part de son premier auteur, qu'elle est une grâce *gratuitement donnée*, « *gratia gratis data* », qu'elle s'exerce par une impression fugitive, « *per modum passionis et impressionis transeuntis* », qu'elle n'exige aucune prédisposition physique, intellectuelle ou morale ; il n'en reste pas moins vrai que *pratiquement*, comme lui-même en convient, on peut discerner comme des lois et des habitudes dans le fonctionnement de cette puissance supérieure, aussi bien que dans l'exercice des autres facultés humaines. L'esprit appelle l'esprit, comme l'intelligence appelle l'intelligence, comme l'imagination appelle l'inspiration poétique. C'est pourquoi l'histoire des auteurs inspirés et des thaumaturges offre à notre admiration des vies austères, des âmes d'élite, des hommes séparés, par un libre choix, de la foule où s'agitent les passions. Entre eux et l'esprit qui les visite, de mystérieuses affinités sont préparées.

Sans doute aussi, théoriquement, le miracle présente, dans son accomplissement, un caractère de grandeur et d'autorité qui semble ne devoir subir les retards d'aucune résistance ; mais, en fait, l'effort et l'infirmité n'en sont pas toujours absents. Pour le ressuscité du prophète Elisée, comme pour les miraculés de Lourdes, les résultats ne sont toujours ni assez prompts, ni assez complets, pour qu'on soit manifestement obligé de proclamer la présence du doigt de Dieu, sans tenir compte d'une puissance intermédiaire. Entre les miracles les plus éclatants et les faits simplement naturels, il n'est pas difficile d'énumérer une foule de faits *douteusement* surnaturels, de *demi-miracles* qui donnent raison à notre théorie de la *vertu miraculeuse.*

Il est vrai qu'on peut trouver dans la *volonté* de Dieu l'explication de ces lenteurs et de ces sortes d'impuissances dans l'exécution du miracle. Que n'explique pas la volonté de Dieu ? Mais pour le savant cette explication n'en est pas une, parce que, pour son point de vue, elle n'est pas scientifique.

Au contraire, avec la présence d'une vertu miraculeuse inhérente à l'homme et faisant suite, en les couronnant, à ses facultés natives, nous avons une explication suffisante des circonstances du miracle, sans obligation de sacrifier le point de vue supérieur du croyant.

Il y aurait beaucoup à dire au sujet de cette puissance explicative du miracle, pour la dégager, d'une part, du domaine proprement dit de la foi et de la théologie ou du

Royaume de Dieu, de l'autre, de celui de la psychologie intellectuelle et morale ou du Règne humain; pour discerner dans le langage des écrivains sacrés ou des docteurs de l'Eglise, ce qui se rapporte plus particulièrement à l'un ou à l'autre ; pour montrer que cette conception, à la fois ancienne et nouvelle, en analysant et en dédoublant ce qui avait été dit synthétiquement, constitue un progrès normal dans l'évolution doctrinale ; pour rassurer ceux qui verraient là une nouveauté plutôt qu'une nouvelle manière de clarifier l'ancienne foi en la séparant de ce qui n'est pas elle ; enfin pour distinguer ce principe spirituel interne dans l'homme d'avec le concours extérieur de la nature angélique, comme aussi de la grâce dans ce qu'elle a de divinement surnaturel. Il suffit pour le moment d'avoir posé le principe de conciliation entre la foi et la science au sujet de la cause du miracle. Qu'on l'accepte de part et d'autre, et l'on verra avec quelle facilité se résoudront les objections et s'éclaireront les difficultés relatives à la définition du miracle, à sa possibilité, à son discernement et à sa force démonstrative.

IV

Le miracle en face de la science morale.

Ex fructu arbor agnoscitur.
S. MATTH. XII, 33.

Ce que nous avons dit jusqu'ici du miracle nous amène à cette définition : *une manifestation extraordinaire de l'ordre spirituel.*

On voit en quel sens on pourrait remplacer le mot *spirituel* par celui de *surnaturel.* C'est un surnaturel relatif. La puissance spirituelle dans l'homme est surnaturelle relativement à la puissance intellectuelle, de même que celle-ci est surnaturelle par rapport à la puissance animale.

A ce point de vue le miracle relève de la *science spirituelle.* C'est la partie la plus élevée de la psychologie.

Reste à l'envisager au point de vue de sa finalité, de son but moral, à en discerner les diverses espèces sous le rapport de la bonté

ou de la malice, à parler de sa valeur démonstrative.

C'est au moraliste de nous dire ce qu'il
en faut penser et de nous en donner l'interprétation.

Considéré au sens théologique et par la
faculté supérieure qui nous fait saisir le divin, le miracle a pour fin directe et immédiate de manifester Dieu et ses perfections. In-
directement et par reflet, il démontre la
vérité, la bonté de tout ce qui s'y rattache
nécessairement, de tout ce qui est reconnu
comme l'écoulement de sa bonté.

Une fois admise la *divinité* du miracle, il
est facile au théologien de montrer, dans son
rayonnement, la divinité de la religion qu'il
confirme.

Il prouvera la divinité de la Religion chrétienne en montrant ses précurseurs, son
fondateur et ses apôtres enveloppés de l'au-
réole divinement éclatante des miracles, et
en faisant voir comment la véracité, la bonté,
la sainteté de Dieu sont engagées dans l'accomplissement de ces faits merveilleux.

Mais ce témoignage, tout rigoureux qu'il
soit en faveur de Dieu et de ses œuvres, aux
yeux du théologien qui regarde toutes choses au point de vue *divin* n'est pas de nature à satisfaire le savant qui veut s'en tenir

au cadre spécial où il place le miracle dans la classification des phénomènes de la nature. Pour lui, c'est une vérité qui, en affirmant trop, ne dit pas assez.

De quoi, en effet, si nous voulons faire parler notre sens de l'infini, ne pouvons-nous pas dire : « *Digitus Dei est hic* » ? Quelles sont les choses qui ne crient pas et ne montrent pas le Seigneur, selon ces paroles de Saint-Jean Chrysostôme : « *Res ipsæ clamant et ostendunt Deum* ».

« Tous les fruits bénis de la parole de Dieu, dit éloquemment le Père Monsabré, dans sa 26ᵉ conférence, tous les êtres qu'elle a fait jaillir du néant, parlent avec une admirable éloquence. Puissance ! bonté ! sagesse infinies ! C'est le refrain de ce concert immense que chantent perpétuellement les créatures de Dieu.

« Groupés près des rois étincelants qui les gouvernent et les abreuvent de lumière, emportés, par une force mystérieuse et réglée, sur les cordes de leur écliptique, rois et sujets, soleil et planètes, bercés par une main amie autour d'un centre qui échappe à nos regards, toute l'armée céleste répète en chœur : Puissance ! bonté ! Sagesse infinies !

« Et les feux souterrains qui travaillent

le globe, et les laves brûlantes qui s'ouvrent un passage jusqu'aux lieux voisins du ciel, et la mer toujours ordonnée jusque dans ses fureurs, et les fleuves qui descendent et versent dans son sein immense leurs eaux fatiguées, et la pluie et la rosée, et les frimas et les neiges éternelles qui couvrent le sommet tranquille des montagnes : Puissance ! bonté ! Sagesse infinies !

Et cette première vie qui emprunte à la terre ses sucs nourriciers....

Et l'insecte qui se noie dans une goutte de rosée.

Et le sang qui se précipite dans nos veines tremblantes, et les palpitations de mon cœur, et les ondulations de ma poitrine, et les ébranlements sublimes de mon cerveau, et ma parole, fille de ma pensée, et ma pensée, fille de mon âme, et mon âme, fille de Dieu. Puissance ! bonté ! sagesse infinies !

O Dieu ! ô Seigneur ! les cieux racontent votre gloire, le firmament publie qu'il est l'œuvre de vos mains, mais aussi, « que votre nom est donc admirable par toute la terre ! *Domine, dominus noster, quam admirabile est nomen tuum, in universâ terrâ !* »

Tout cela, c'est proclamer poétiquement

et *religieusement* que tout manifeste Dieu, que tout va à Dieu.

Le miracle parle d'une autre manière ; mais il ne dit pas autre chose. Il mêle, à tout ce concert des choses créées, une voix d'un accent extraordinaire ; mais cet extraordinaire, tout en attirant davantage l'attention, ne change rien à la nature du témoignage.

Sur chaque plan, sur chaque degré de l'échelle des êtres, on trouve ces deux catégories : *ordinaire* et *extraordinaire*, de même que près de chaque règle on trouve l'exception.

De même que pour l'astronome il y a des phénomènes célestes extraordinaires, que pour le psychologue il y a des faits de mémoire, d'intelligence, extraordinaires ; de même, sur le plan des choses divines, le théologien constate des faits qui présentent ce caractère. Pour lui, c'est le miracle divin.

Mais ce n'est pas sur ce plan du divin que se tient le savant. C'est un autre sens qui chez lui est en exercice et c'est une autre voix qu'il écoute et entend dans le miracle.

Pour lui la définition du miracle est celle que nous avons donnée plus haut : *une manifestation spirituelle extraordinaire.*

Le règne spirituel étant composé, comme

tous les autres règnes, de deux sortes d'éléments, les uns bons, les autres mauvais ;
les positifs qui travaillent à la construction
de l'édifice social et les négatifs qui le dé-
truisent ; de là deux sortes de manifestations volontaires, dans le domaine inférieur
de la volonté simplement humaine. De là,
par conséquent, la nécessité de distinguer,
entre le miracle *bon* et le miracle *mauvais*,
ou, si l'on veut, entre le miracle *vrai* et le
miracle *faux*.

On a vu plus haut la raison qui nous empêche d'établir ici une distinction entre le
miracle divin et le miracle diabolique.
Quand on se place au point de vue divin,
tout s'oriente en définitive vers le but divin
de l'œuvre universelle, « *omnia cooperantur
in bonum* ». Tout brille *divinement* de la
lumière divine. Dans tout fait merveilleux,
aussi bien et mieux encore que dans tout
fait ordinaire, se découvre un côté positif,
voulu de Dieu.

C'est donc à une autre classification qu'il
faut ramener les diverses sortes de miracles:
le miracle *chrétien* et le miracle *diabolique*,
ou, si l'on veut réserver le nom de miracle
pour celui de la première espèce, il faudra
dire : le *miracle chrétien* et sa contrefaçon,
le *prestige diabolique*.

Le Christ, d'une part et Satan, de l'autre :
tels sont en effet les deux pôles d'attraction
de tout ce qui se meut dans la sphère de la
nature humaine.

D'une manière plus ou moins directe,
plus ou moins immédiate, c'est à ces deux
principes, à ces deux chefs qu'obéissent
toutes les pensées et toutes les volontés
élaborées sur notre planète. Entre ces deux
adversaires la lutte est de tous les temps et
de tous les lieux. Toute personne humaine
porte, plus ou moins empreinte, la marque
de l'un ou de l'autre, et, pour qui serait
assez clairvoyant, tout acte libre apparaî-
trait au service de chacun de ces deux
maîtres. A plus forte raison, le miracle, fait
plus accentué, devra manifester, avec plus
d'évidence, le caractère moral de la puissance spirituelle qui le produit.

Sans doute l'esprit du mal n'est pas lié
comme celui du bien par l'amour et le res-
pect de la vérité, et il lui arrive, lorsqu'il y
trouve son intérêt, de se voiler sous des
apparences qui ne conviennent pas à sa
nature perverse. De là des hésitations, des
dissentiments, entre les plus habiles représentants de la science mystique, pour discerner les vrais miracles d'avec leur contrefaçon diabolique. Nous en voyons actuelle-

ment un exemple à propos des événements merveilleux de Tilly-sur-Seulles.

Toutefois le principe évangélique « *A fructibus eorum cognoscetis eos* », ne saurait être ébranlé ni perdre son efficacité.

« La contrefaçon diabolique, nous dit très bien M. Gondal, dans son livre, *Le Miracle*, quelqu'habile qu'elle puisse être, présentera toujours des signes, qui permettront de la reconnaître pour ce qu'elle est, pour une œuvre de mensonge et de malice.

Il est une chose absolument impossible au démon, c'est d'être bon ; et il en est une autre qui lui est bien difficile, c'est de paraître ce qu'il n'est pas. L'œuvre porte toujours la marque de l'ouvrier...

Il est au moins un terrain parfaitement circonscrit — celui de la vertu, de la justice, de la sainteté — sur lequel la puissance du démon est non seulement limitée, mais nulle... Toutes les œuvres sont, par quelque côté, comme lui, tortueuses et malfaisantes. Un mauvais arbre peut-il porter de bons fruits, et d'une source empoisonnée sortira-t-il jamais un ruisseau bienfaisant ? Le moyen infaillible de prouver qu'un prodige n'est pas diabolique sera donc d'établir qu'il est parfait de tous points.

« Un fait surhumain et extra-naturel qui

ne présente, ni dans la fin qu'il réalise, ni
dans l'objet qu'il met en scène, ni dans les
agents qui l'opèrent, ni dans les circonstances qui l'accompagnent, ni dans les résultats qu'il produit, rien, absolument rien
de louche, d'inconvenant, d'immoral, un
fait de ce genre ne peut pas être diabolique. L'œuvre porte toujours la marque de
l'ouvrier. Tout contact de l'enfer engendre
une souillure. Regardez bien. Satan signe
toutes ses œuvres ; sa signature est une infa-
mie éclatante ou cachée. La haine de la vérité
qui brûle son cœur lui inspire un irrésisti-
ble besoin de négation et de mensonge ; il
ne peut pas ne pas mentir... Il ne peut pas
ne pas souffler l'injustice et l'impureté... Il
ne peut pas ne pas être impie... Il ne peut
pas ne pas être grimaçant et vil.

Examinez, à ce point de vue les prodiges
suspects. Si vous y découvrez quelque souillure ; si le but est louche et, à plus forte
raison, s'il est franchement mauvais, si
l'objet est vain, puéril ou grotesque ; si les
geants sont suspects et à plus forte raison
convaincus d'immoralité ou d'impiété ; si
le sujet ressemble moralement aux agents
et si de plus il est physiquement déséquili-
bré ou malade ; si les circonstances en
font un spectacle ridicule ou inconvenant ;

si les résultats sont, chez ceux qui y pren-
nent part, l'exaspération des passions, de
l'orgueil surtout, de l'avarice et de la
volupté ; dans toutes ces hypothèses, dites
avec assurance : « Là est le doigt non du
Christ, mais du *démon*. »

Cette distinction entre le miracle chrétien
et le prestige diabolique s'adresse à ceux
pour qui est déjà faite la preuve du Christianisme. A ceux pour qui elle serait encore
à faire, c'est le miracle qu'il faut surtout présenter comme le témoignage par excellence
de sa vérité.

Sans doute le Christianisme se prouve
par tous les faits, tous les actes qui en sont
la manifestation, de même que toute cause
se prouve par les effets qui lui sont propres ;
mais il en est de la vertu qui constitue le
fond de cette religion comme de la puissance divine elle-même qui rayonne à travers
tous les phénomènes de l'univers.

Par l'habitude qui émousse la vivacité des
impressions, elle court le danger d'être
voilée plutôt que révélée par l'ensemble de
ses manifestations ordinaires. Son enseigne-
ment, son culte, son gouvernement, en un
mot, toute sa vie, sont exposés, par la répé-
tition des actes qui les expriment, à perdre le
relief qui tiendrait en éveil le sens chrétien.

La démonstration du Christianisme par ses œuvres ordinaires n'est pas tellement victorieuse qu'elle suffise toujours à la faiblesse et à l'inconstance de l'esprit humain. On s'accoutume à la vue des institutions, des personnes ou des actes qui le représentent et l'esprit, peu-à-peu alourdi Par son contact avec les choses extérieures, finit par ne plus guère en saisir que les petits côtés. Il s'habitue à entendre la grande voix de l'Eglise sans s'appliquer à en comprendre le sens spirituel ; de telle sorte que tant d'admirables choses s'avilissent à force de constance « *assiduitate viluerunt* », selon l'expression énergique appliquée par St-Augustin aux œuvres de la création.

De là, l'opportunité et parfois la nécessité de signes nouveaux et de nouvelles merveilles « *Innova signa et immuta mirabilia* », selon la demande qu'en fait le prophète, pour secouer la torpeur naturelle des esprits et les relever à la contemplation des choses cachées et supérieures.

Sans doute, pour ceux qui vivent de l'esprit chrétien, « *qui spiritu aguntur* », le miracle, s'il est utile pour provoquer les initiés à des élans plus puissants dans la sphère spirituelle, ne leur est pas nécessaire comme à ceux qui n'obéissent pas encore à ses inspirations et l'on comprend l'indifférence de St-Louis qui refuse de faire un pas pour voir un miracle ; mais pour la foule, pour les hommes à *tête dure*, c'est-à-dire, pour les neuf dixièmes du genre humain qui n'ont ni le temps, ni le courage, ni la force de s'appliquer à une doctrine pour en sonder les profondeurs, en admirer les sublimités, en subir les attraits, en goûter les charmes, c'est par des jaillissements plus prompts et plus puissants de la sève spirituelle, par des éclairs qui déchirent les nues et illuminent les ténèbres, que la doctrine et l'action du christianisme se manifestent avec une efficacité plus rigoureuse et plus universelle.

Contre cette rigueur et cette universalité de la force démonstrative du miracle, qu'on n'objecte pas la résistance ou les hésitations du grand nombre de ceux qui ne se laissent pas convaincre.

Le petit nombre des croyants prouve, non pas que cette démonstration est faible, mais qu'elle n'est pas nécessitante. Il fait penser plutôt à la grandeur des obstacles, préjugés ou passions, qui empêchent les esprits d'en bien interpréter le sens.

Pour franchir les limites d'un règne à un autre, comme aussi, dans le même règne, pour s'orienter vers le côté positif et bon, il faut des dispositions spéciales qu'on ne trouve pas dans le grand nombre.

Le miracle chrétien nous éclaire, mais il ne nous brutalise pas. En demandant notre adhésion à la vie spirituelle, il respecte notre liberté et les tendances qui nous font pencher vers les sphères inférieures de la simple raison ou de la sensibilité.

Pour la perception des choses spirituelles et chrétiennes, il faut l'éveil et l'activité du sens spirituel et chrétien, et, si le miracle lui-même ne parvient pas à produire cet éveil et cette activité, il faut en voir la cause, non dans sa faiblesse démonstrative, mais dans la prépondérance déprimante des sens inférieurs : « *Animalis homo non percipit ea quœ sunt spiritus.* »

Qu'on n'objecte pas davantage, contre la perpétuité du miracle, la cessation ou la diminution des prodiges accomplis en faveur du Christianisme.

« C'est, dit Saint Augustin, lorsqu'on plante de jeunes arbres, qu'il faut les arroser jusqu'à ce que leurs vigoureuses racines se soient étendues en terre et les aient affermis ».

« Maintenant, ajoute le P. Monsabré, les racines sont prises; le tronc inébranlable étend, sur le monde entier, sa forte ramure. La lumière suffit, afin qu'on puisse voir, dans la majesté de ses proportions, cet arbre gigantesque. Regardez-le bien, Messieurs, et voyez écrit sur son tronc, sur ses branches, sur ses feuilles : unité, perpétuité, universalité !

« La religion établie, le monde converti, Jésus-Christ debout depuis dix-huit siècles, toutes les prophéties accomplies en sa personne et en son œuvre, et autour de lui, rangés comme une armée, tous les miracles du passé ; n'est-ce pas une assez belle démonstration ? que voulez-vous de plus ? »

Du reste, les temps que nous traversons seraient-ils bien choisis pour parler de la cessation ou de la diminution des miracles ? Tout au plus pourrait-on dire que l'effervescence de la vitalité chrétienne a varié ses manifestations. « Il en est une surtout qui remplit le monde de son éclat et plus encore de ses bienfaits, une qui ressort, chaque jour, plus vive et plus pure, du sein de l'égoïsme qui déshonore notre société : c'est la *charité*. Quelle force ! quelle puissance, quelle vertu créatrice ! Philosophes, incrédules, faux savants, voilà le miracle que vous demandez ».

Mais la preuve de la *spiritualité* du Christianisme et de son orientation morale a été trop de fois magistralement exposée pour qu'il soit utile d'y insister.

Nous avons hâte de conclure en disant que la définition du miracle à laquelle nous sommes maintenant arrivés : *une manifestation extraordinaire de l'ordre spirituel chrétien*, si elle était une fois admise, résoudrait facilement la plupart des questions et des objections posées à propos des phénomènes miraculeux

Puissions-nous, par cet essai, inspirer la pensée de la proposer avec plus d'ampleur et de propager, plus au loin que nous ne pouvons le faire, l'apaisement du conflit entre la *foi* et la *science* au sujet du *miracle !*

FIN.

TABLE DES MATIÈRES

Mayenne, Imprimerie SOUDÉE et COLIN

Mayenne, Imprimerie Soudée et Colin

www.ingramcontent.com/pod-product-compliance
Lightning Source LLC
Chambersburg PA
CBHW070131100426
42744CB00009B/1787